IMPRESSIONS

SUR LA

GUERRE RUSSO-JAPONAISE

PARIS

Henri CHARLES-LAVAUZELLE

Éditeur militaire

10, Rue Danton, Boulevard Saint-Germain, 118

(MÊME MAISON A LIMOGES)

IMPRESSIONS

SUR LA

Guerre Russo-Japonaise

IMPRESSIONS

GUERRE RUSSO-JAPONAISE

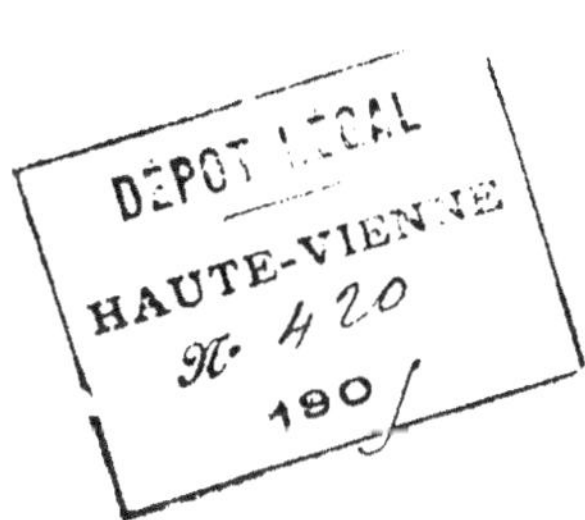

PARIS

HENRI CHARLES-LAVAUZELLE

Éditeur militaire

10, Rue Danton, Boulevard Saint-Germain, 118

(MÊME MAISON A LIMOGES)

IMPRESSIONS

SUR LA

Guerre Russo-Japonaise

La guerre russo-japonaise a éclaté comme un coup de foudre, jetant la stupéfaction dans tous les esprits peu préparés à ce terrible événement et provoquant une consternation profonde parmi les diplomates les plus avisés qui, ne pouvant admettre l'éventualité d'un pareil conflit, s'étaient refusés à en concevoir la possibilité.

Cependant, pour les hommes clairvoyants et surtout pour ceux qui étaient au courant de la situation en Extrême-Orient, qui connaissaient les ardentes convoitises soulevées par la prochaine mise en valeur des richesses de l'immense empire chinois, pour ceux qui avaient démêlé les ambitions démesurées et folles du jeune empire japonais, la guerre actuelle était inévitable et elle pouvait seule résoudre le problème aigu de la rivalité des intérêts en présence.

A ces questions d'intérêt s'ajoutaient encore des questions plus passionnantes de race, même de religion. Car nous serions vraiment trop naïfs de croire que tous les peuples à qui nous apportons notre civilisation ne voient en nous que les bienfaiteurs méritant toute leur reconnaissance.

Parmi ces peuples, les uns souffrent difficilement un soi-disant progrès qui ruine leurs habitudes, détruit leurs

préjugés les plus chers et souvent fait litière de leurs
droits et de leurs privilèges; les autres, et les Jaunes, les
Japonais en particulier, rentrent dans cette catégorie,
nous empruntent ce qui peut leur être utile pour s'en
servir souvent contre nous, et ils ne nous en conservent
pas moins un profond mépris et une haine qui est encore
avivée par le souvenir du bienfait reçu.

Etourdi, aveuglé d'orgueil par sa victoire sur les Chinois, le peuple japonais s'est cru immédiatement appelé
à devenir le premier en Extrême-Orient; il s'est consi-
déré comme l'éducateur naturel de tous les peuples de
race jaune et il s'est fait le protagoniste ardent de l'idée
de l'Asie aux Asiatiques, se fixant comme but d'évincer
tous les Européens et de rester le seul et l'unique maître
des vastes contrées habitées par les hommes de sa couleur.

On comprendra facilement qu'avec un pareil état
d'âme, les Nippons n'aient pas pu pardonner aux puissances qui, arrêtant net leur essor, les ont empêchés, en
1894, par le traité de Simonosaki, de recueillir les fruits
de leur victoire.

La Russie qui, de toutes les nations européennes, est
la plus influente en Extrême-Orient, devait fatalement
se rencontrer la première face à face avec le jeune empire
du Soleil Levant; le conflit actuel a encore été précipité
par l'action prépondérante de la diplomatie moscovite
dans les négociations qui, après la guerre sino-japonaise,
ont amené le recul du Mikado. De ce jour, il faut en être
convaincu, le Japon a déclaré une guerre à mort à la
Russie.

Cet antagonisme profond, cette haine tenace qui se
manifestaient, à chaque instant, par mille petits traits
insignifiants par eux-mêmes, comme des vexations aux
bâtiments russes dans les ports japonais, des insultes de
la populace aux nationaux de cette puissance, n'avaient

pas manqué d'attirer, par leur fréquente répétition, l'attention de nos alliés qui sentaient confusément le besoin de se garantir contre une attaque inopinée. Je dis confusément, car le colosse moscovite n'a jamais envisagé nettement ni admis franchement l'éventualité aussi prochaine d'une agression de son ennemi déclaré.

Les travaux de mise en état de défense de Port-Arthur furent cependant poussés vigoureusement, en même temps que la construction de l'immense ruban du chemin de fer transsibérien, projet grandiose appelé à relier entre elles et à doter de communications faciles et rapides les immenses étendues de l'empire du Tsar; la flotte fut renforcée également par des unités nouvelles et puissantes, et elle reçut une composition lui permettant de faire bonne figure en face des escadres ennemies. Mais là s'arrêtaient les préparatifs de nos alliés qui ne faisaient rien pour se constituer une armée imposante sur les confins de leur vaste empire.

De leur côté, les Japonais, au contraire, donnaient à leur flotte un développement formidable; leur armée était réorganisée, renforcée, et elle recevait un armement perfectionné; tout l'outillage de guerre pour l'armée et la marine était renouvelé et constitué avec le plus grand soin.

Pressé par une gêne financière considérable, le Mikado attendait impatiemment l'occasion favorable de provoquer le conflit tant désiré qui devait ouvrir à son pays une ère de prospérité, mais sa diplomatie tergiversait, hésitait à se lancer sans appui dans une pareille aventure: profitant habilement de son inattention, les États-Unis faisaient main basse sur les Philippines, dépendance naturelle du Japon, qui en avait préparé le soulèvement contre la domination espagnole et qui espérait y déverser le trop-plein de sa population.

Les Nippons ressentirent de l'aigreur de cette mainmise sur une possession qu'ils considéraient comme devant leur appartenir; mais l'oncle Sam sut leur persuader, avec des arguments à lui, probablement sonnants et trébuchants, qu'il n'avait fait cette opération que forcé par les circonstances et dans l'intérêt supérieur de la civilisation, voire de l'humanité. Tokio cacha son ressentiment, mais il n'en tourna que plus ardemment ses convoitises vers l'empire du Milieu qui ne pouvait lui être ouvert qu'après l'abaissement de la Russie.

Survint la guerre des Boxeurs; Japonais et Russes y rivalisèrent de zèle et contribuèrent pour la plus grande part au triomphe de la cause de la civilisation.

A la fin de cette campagne, au printemps de 1901, le conflit russo-japonais faillit éclater; le moment était, en effet, très propice pour les Nippons qui savaient que la voie du Transsibérien avait été, en grande partie, détruite par les insurgés chinois, et que les troupes russes, déjà affaiblies par leur expédition au Petchili, n'étaient pas nombreuses en Mandchourie. La diplomatie moscovite sut détourner le danger qui, à un moment donné, était devenu très pressant, après la conclusion significative du traité anglo-japonais. On ne s'explique pas que le Mikado ait laissé passer cette occasion unique qui lui permettait d'entamer la lutte avec tous les avantages et lui assurait le succès, au moins en ce qui concerne la possession de la Mandchourie. Son armée et sa flotte étaient prêtes, ses officiers se montraient impatients de se mesurer avec une nation européenne, et, quant à son peuple, il s'enthousiasmait à l'idée de combattre l'ennemi national.

Evidemment, les finances du Japon ne lui permettaient guère de tenter seul une pareille aventure, mais les secours en argent ne lui auraient pas plus manqué à cette époque qu'ils ne lui font défaut aujourd'hui; il faut donc chercher une autre explication à cette faute du Mikado.

Cette erreur est, sans doute, imputable à l'extrême jeunesse de l'empire du Soleil Levant, dont la diplomatie, tout en ne manquant pas de finesse, ni de subtilité, ni même de rouerie dans les détails, ne possède pas encore une largeur, une hauteur de vues suffisante pour dresser un plan à longue échéance ; elle veut agir, cependant, et en sent le besoin impérieux, mais elle n'a pas d'objectif bien défini ; elle hésite, tergiverse et laisse passer les bonnes occasions, quand elle ne se laisse pas enlever une possession comme les Philippines par une nation dont la puissance militaire n'est pas à considérer. En un mot, si au point de vue militaire qui est, d'ailleurs, celui pour lequel leur race est le mieux douée, les Japonais peuvent voler de leurs propres ailes, ils ont montré qu'en politique extérieure ils ont encore besoin de se sentir soutenus et dirigés pour oser de grandes entreprises.

Or, en 1901, la Grande-Bretagne, tout en se promettant bien de ne pas se mêler à la bagarre et de s'en tenir prudemment à l'écart, ne voulait pas, cependant, laisser s'engager un conflit redoutable, pendant qu'elle avait encore l'affaire du Transvaal sur les bras ; elle a donc persuadé au Japon que le moment n'était pas venu et qu'il valait mieux attendre. Celui-ci s'est laissé convaincre, mais probablement à contre-cœur, car l'évidence de son intérêt particulier le poussait à combattre immédiatement, pendant que son ennemi se trouvait dans une impossibilité presque absolue de concentrer, en temps voulu, des forces suffisantes, sur le théâtre des opérations.

Les Russes ont donc des raisons pour proclamer hautement que c'est une nouvelle guerre qui leur est faite

par l'Angleterre, par ses procédés habituels, c'est-à-dire
avec le sang des autres.

×

En 1901, les Russes demandaient deux ans de répit
pour être en mesure de faire face à toutes les éventualités ; ce délai étant passé depuis longtemps, il était
donc permis de supposer que tout danger de guerre im-
médiate était écarté et que les Nippons, qui avaient
manqué l'occasion d'attaquer leur adversaire, quand il
n'était pas prêt, n'oseraient pas se mesurer avec lui, au
moment où son organisation était achevée et où ses armements étaient terminés.

Au contraire, vers la fin de 1903, le ton du Japon de-
vient de plus en plus agressif ; il ne se sent plus capable
de supporter un état de choses dont il n'avait pas
éprouvé jusque-là le besoin de se plaindre, et, au nom
des intérêts méconnus de la Chine qui ne lui demande
rien et ne lui a pas confié le soin de défendre sa cause,
au nom de la Corée, dont il se proclame spontanément le
défenseur, il adresse à la Russie des observations de
plus en plus pressantes. Une conversation diplomatique
s'engage entre les deux puissances, qui n'émeut pas outre mesure les chancelleries européennes, car on sait que
le Transsibérien est terminé, et on considère le Tsar
comme préparé à toutes les éventualités.

Pendant que les échanges de notes se poursuivent entre les cabinets de Saint-Pétersbourg et de Tokio, le Mikado se prépare activement à la guerre, termine tous
ses préparatifs sur terre et sur mer et fait étudier par
son état-major un plan de mobilisation et même un plan
de campagne, qui est élaboré minutieusement dans tous
ses détails.

Que voyons-nous, au contraire, du côté de nos alliés ?
Le chef de l'Etat, apôtre convaincu de la paix, est, en

outre, renseigné d'une manière imparfaite sur la situation, par ses représentants en Mandchourie ; il ne veut pas la guerre, et comme il est prêt, pour l'éviter, à toutes les concessions honorables, il ne croit pas à l'imminence des hostilités. Il semble, d'ailleurs, que les autorités russes en Extrême-Orient, aveuglées par le dangereux orgueil que leur inspire la puissance de leur empire, n'aient pas pris au sérieux les menaces du Japon ; elles n'ont jamais admis, un seul instant, que cette minuscule nation oserait les attaquer, et elles n'ont pris aucune mesure, absolument aucune, pour parer à ce danger. Cependant, tout en négligeant de se préparer à la guerre, la vice-royauté de l'Extrême-Orient ne faisait aux réclamations du Japon que des réponses dilatoires et peu satisfaisantes pour son amour-propre ; elle lui donnait ainsi le droit de se plaindre et de hâter ses préparatifs.

Donc, des deux adversaires, l'un avait tout prévu, n'avait rien laissé au hasard, car il voulait la guerre à tout prix, il était prêt à entrer en campagne et possédait sur l'état d'infériorité de son ennemi des renseignements précis ; l'autre s'était endormi dans une confiance coupable et comptait sur l'habileté de sa diplomatie pour éviter à nouveau un conflit qu'il ne désirait pas et dont il avait déjà réussi plusieurs fois à écarter l'échéance.

Doit-on s'étonner, dans ces conditions, que les hostilités aient brusquement éclaté, au début de février, au moment même où le Tsar, faisant toutes les concessions possibles, croyait définitivement la paix consolidée ?

Nullement, car les Japonais, qui voulaient la guerre, ne pouvaient pas reculer plus longtemps, pour des raisons stratégiques et climatologiques, la date de leur entrée en campagne.

En effet, les Nippons, admirablement renseignés sur

l'importance des forces ennemies présentes sur le théâtre des opérations, avaient conçu le projet bien naturel de tirer parti de leur supériorité numérique écrasante au début des hostilités, en brusquant leur attaque et en cherchant à obtenir un succès décisif avant que leurs adversaires aient eu le temps de faire venir à pied d'œuvre des effectifs suffisants pour leur tenir tête.

L'état-major de Tokio avait calculé que quatre mois au minimum lui étaient nécessaires pour obtenir ce résultat; d'un autre côté, il lui fallait tenir compte de la saison des pluies qui, suivant les années, entrave les opérations en Mandchourie pendant un laps de temps qui varie de six semaines à deux mois et souvent commence fin juin. Il était donc de toute nécessité de prendre ses mesures pour être maître de la situation fin juin, au plus tard, car, pendant la saison pluvieuse, impossible pour les Japonais de manœuvrer, tandis que les Russes, grâce à leur chemin de fer, pourraient continuer à recevoir des renforts. Il résulte de ces considérations que, pour l'état-major nippon, le début de février s'imposait comme date d'entrée en campagne.

Les débuts des hostilités sont marqués, du côté japonais, par un manquement grave, qu'aucune nation civilisée ne doit oublier, aux lois de la guerre, au droit international; la flotte de Port-Arthur est attaquée de nuit, par surprise, sans déclaration de guerre, et deux bâtiments russes sont détruits par une escadre dans le port neutre de Chemulpo.

Plusieurs unités, parmi les plus puissantes de la flotte de nos alliés, sont fortement endommagées par cette attaque déloyale, et elle n'est plus en état de lutter en pleine mer contre sa rivale.

En même temps, les opérations de la mobilisation s'exécutent régulièrement au Japon, d'après le plan établi à l'avance; la mer étant libre, les embarquements, les traversées et les débarquements s'effectuent en toute sécurité.

Qu se passe-t-il, pendant ce temps, du côté adverse?

Les Russes complètent hâtivement la mise en état de défense de Port-Arthur et préparent la place à soutenir un long siège ; ils se portent bravement au-devant de leurs adversaires, franchissent le Yalou et pénètrent en Corée. Ils proclament hautement et peut-être à tort, car plus tard leurs revers étonneront leurs amis et leur feront perdre la belle confiance qu'ils avaient en eux, ils proclament hautement qu'ils sont prêts à la lutte et qu'ils répondent du succès.

La presse, inspirée par la vice-royauté d'Extrême-Orient qui ne se rend pas assez compte des inconvénients pouvant résulter d'une pareille ligne de conduite, inonde le monde du bruit du rassemblement de forces qui n'existent que dans son imagination et annonce à l'avance des succès qui se changent régulièrement et inévitablement en revers.

L'Europe, mal renseignée sur la situation des belligérants et acceptant comme véridiques les nouvelles qui lui sont données sous couleur officielle, tombe de surprise en surprise, et finalement désespère presque complètement de son champion contre la race jaune.

Il semble donc utile, en ce moment, de rechercher si le manque de confiance dans la cause de nos alliés qui paraît se répandre en Europe est justifié, et s'il faut décidément considérer la partie comme perdue, quand elle est à peine engagée.

Les Japonais ont débuté par un acte déloyal qui n'aurait pu trouver un semblant d'excuse, au moins auprès de peuples plus enclins au sentiment, que s'il avait été couronné d'un succès éclatant. Or, quel était le but de cette attaque inopinée, exécutée au mépris de tous les droits?

La destruction complète de la flotte adverse et la prise de Port-Arthur que l'on savait ne pas renfermer plus de 1.500 hommes. A-t-il été obtenu? Non.

Cependant, les Nippons ont montré un réel courage dans cette première affaire; leurs torpilleurs se sont lancés héroïquement à l'attaque des cuirassés ennemis et ont, d'ailleurs, réussi, à en mettre hors de combat. A quoi donc attribuer leur échec? Car, quand un but bien défini, comme la destruction d'une flotte et la prise d'une place est en vue, s'il n'est pas complètement atteint, la tentative doit être considérée comme un échec, malgré les succès partiels qui ont pu être remportés.

La cause de l'insuccès des Japonais dans une entreprise qui leur tenait tant à cœur et qui devait avoir une répercussion si considérable sur l'avenir réside, au moins en partie, dans leur organisation physique et mentale, dans leur tempérament. En effet, ils ont bien étudié tous les principes de la guerre moderne, d'après les plus grands maîtres, et se les ont assimilés avec une certaine perfection; mais ces principes, inventés et établis par des hommes qui leur sont complètement opposés par l'éducation, par la race, il les appliquent forcément avec leur nature propre, avec leur tempérament.

Comment donc ont-ils agi dans la circonstance? Grâce à leurs admirables habitudes d'ordre et de prévoyance dans les moindres détails, ils ont préparé l'opération avec un soin minutieux, ne livrant rien au hasard; chaque unité de combat avait son rôle bien défini, et une flotte de transports suivait l'escadre, prête à débarquer les troupes qui devaient mettre la main sur Port-Arthur.

Une seule chose était oubliée, mais elle était capitale : la résistance possible de l'ennemi et les troubles qui pouvaient en résulter pour un plan si laborieusement et si minutieusement élaboré.

Or, l'ennemi ayant eu le mauvais goût de se défendre, les premières phases du programme n'ont pu être remplies et tout l'échafaudage habilement édifié, il faut le reconnaitre, s'est piteusement effondré.

Une attaque du genre de celle de Port-Arthur devait être poussée à fond. l'entrée de la passe devait être forcée à tout prix, sans avoir égard aux pertes qui pouvaient en résulter; il ne s'agissait pas d'avoir un petit plan d'opérations bien gentiment combiné comme un curieux et compliqué meuble japonais, mais bien de vouloir le succès, et de le rechercher, sans regarder aux sacrifices. Là était le secret de la victoire.

Au lieu de cela, malgré la bravoure héroïque montrée par les petits bâtiments lancés en avant, nous assistons à une attaque molle dans son ensemble, indécise, irrésolue, qui semble dirigée par des gens qui hésitent à exposer les millions que leur coûtent leurs cuirassés et qui sont étonnés, stupéfaits, déroutés par la résistance opposée qu'ils n'avaient pas prévue aussi énergique.

Le lendemain, l'attaque recommence; mais l'heure propice est passée, les Russes sont sur leurs gardes et leur artillerie inflige de sérieux dommages aux bâtiments ennemis.

Ensuite, pour la flotte japonaise, ce ne sont plus que des tentatives d'embouteillage héroïquement exécutées, il est vrai, mais régulièrement renouvelées, avec une persistance inlassable et d'une manière constamment identique, sans aucune modification, aucune invention pouvant apporter une nouvelle chance de succès.

Du côté adverse, l'apparition de Makarof à la tête de la flotte de Port-Arthur, apporte un nouvel élément de vitalité et d'énergie à cette force navale, et il apparaît bientôt que, malgré leur supériorité numérique, les Nippons ne se soucient pas de se mesurer avec un homme de cette taille,

Cependant, le sort semble s'acharner contre les Russes, et un misérable accident précipite au fond de la mer Makarof et le beau bâtiment qui le porte.

Les Japonais vont-ils retrouver une nouvelle activité, à la suite de ce malheur qui amoindrit considérablement la force de leurs ennemis? Aucunement. Ils continuent leur tactique d'expectative, restant impassibles devant Port-Arthur, dont ils ne réalisent d'ailleurs qu'imparfaitement le blocus.

×

Comment sont conduites, pendant ce temps, les opérations sur terre? Les débarquements des forces japonaises s'effectuent sans difficulté, la mer étant libre; l'exécution du plan de concentration se poursuit régulièrement, avec méthode.

Quand les troupes du Mikado se trouvent au contact avec leurs adversaires, elles les poussent devant elles, grâce à leur supériorité numérique, et atteignent ainsi le Yalou, où s'engage la première bataille un peu sérieuse de la campagne.

Les Nippons sont victorieux dans cette rencontre, grâce toujours à leur énorme supériorité numérique, et ils franchissent le fleuve.

Quelle doit être leur tactique, à partir de ce moment? Marcher rapidement vers le cœur de la Mandchourie, chasser les Russes l'épée dans les reins et arriver sur leurs points de concentration, pour détruire dans son germe toute résistance.

Au lieu de cela, nous voyons l'armée japonaise s'avancer avec la plus extrême lenteur et n'atteindre que fin juillet les positions ennemies autour de Haï-Tcheng, Liao-Yang, Moukden, n'ayant réalisé, comme moyenne journalière, que des marches inférieures à 10 kilomètres. Il y avait, cependant, un intérêt primordial, essentiel à marcher le plus rapidement possible pour tomber sur les rassemblements russes et les disperser avant que leur organisation fût terminée. La victoire était à ce prix.

Ce premier objectif, les Japonais ne l'ont pas atteint ; des troupes russes peu nombreuses, mais énergiques et manœuvrières, ont réussi à les retenir assez longtemps pour les empêcher d'y réussir.

Il paraît aujourd'hui à peu près certain que le plan de campagne, longtemps établi à l'avance et longuement mûri par l'état-major de Tokio, consistait à prendre Kharbine comme objectif ; la prise de possession de ce nœud important de voies ferrées le rendait maître de la concentration ennemie qui était obligée de s'effectuer beaucoup plus en arrière. Ce résultat permettait, en outre, l'occupation, sans coup férir, de toute la Mandchourie, et, coupant Vladivostok de tout secours, mettait cette place à la merci des assaillants.

Les Russes, mis au courant des intentions de leurs adversaires, auraient, paraît-il, pris leurs dispositions en conséquence et choisi Kharbine comme point de concentration de leurs forces.

Quand les Japonais se sont aperçus que leurs projets étaient éventés, ils n'ont plus osé en poursuivre la réalisation, et ils en sont revenus tout simplement au plan de campagne suivi en 1894 contre les Chinois.

Beaucoup de gens s'étonnent que les Russes, après cinq mois, n'aient pas encore pu réunir autour de Haï-Tcheng, Liao-Yang, Moukden, assez de forces pour arrêter l'offensive japonaise. Il est possible d'expliquer ce retard en admettant que l'état-major de Saint-Pétersbourg, ayant choisi Kharbine comme premier point de concentration, pour répondre aux intentions de ses adversaires, n'a pas voulu modifier ses premières dispositions, quand il s'est aperçu que l'ennemi changeait son plan de campagne, afin d'éviter d'apporter un trouble dangereux dans un plan de transport déjà si compliqué.

Si ces hypothèses sont vraies, on peut donc s'attendre à ce que les troupes du Mikado poursuivent encore quelque temps leurs succès; cependant, la saison des pluies qui est commencée a dû entraver les opérations de grande envergure et arrêter leur mouvement en avant. Il est, par suite, permis d'espérer que nos alliés pourront terminer leur concentration et qu'ils seront en mesure, à la reprise des hostilités, pour peu que les pluies durent cinq à six semaines, de tenir tête à leurs ennemis et même de prendre l'offensive.

Il est à craindre, toutefois, que cet arrêt forcé des opérations de campagne proprement dite ne permette aux Japonais, tranquilles du côté de Kouropatkine, de concentrer tous leurs efforts contre Port-Arthur et de chercher à enlever cette place, coûte que coûte; cette hypothèse est d'autant plus vraisemblable que le Mikado et son peuple ont mis leur amour-propre à s'emparer de cette forteresse, dont ils ont déjà annoncé plusieurs fois la chute avec une naïve fatuité qui ne laisse pas de les couvrir de ridicule. L'orgueil japonais si pointilleux est piqué au vif, et comme, d'autre part, le besoin d'un succès réel, indiscutable, pouvant produire sensation dans le monde et avoir une influence sur les événements à venir, se fait de plus en plus sentir pour les Nippons, nul doute qu'ils ne soient prêts à tous les sacrifices pour se rendre maîtres de Port-Arthur.

Cette place pourra-t-elle résister victorieusement aux terribles assauts qui lui seront livrés? Il est très difficile de se faire sur ce point une opinion raisonnée, s'appuyant sur des données positives; car il est impossible de reconnaître, même approximativement, les ressources de Port-Arthur en hommes, en matériel, ainsi que la valeur de ses moyens de défense. Les Russes se mon-

trent, en effet, sur ces questions, de la plus extrême réserve, et les réfugiés qui nous arrivent de Port-Arthur
apportent des renseignements d'une telle variété, qu'il
est impossible de s'y arrêter un instant. On est malheu-
reusement amené à craindre que la vérité ne soit pas
bonne à connaître, à supposer que nos alliés ont été sur-
pris au milieu de leurs travaux de mise en état de défense de Port-Arthur, et que cette place est loin d'être
munie de tous les moyens en hommes et en matériel, et
de toutes les ressources qui lui seraient nécessaires.

Chez les Japonais, l'unité tactique semble être la division qui comporte 20.000 hommes, dont 14.000 combattants seulement, en raison du grand nombre de non-
valeurs que traîne à sa suite chaque élément; à chaque
division correspond une brigade mixte de réserve d'effectif moitié moindre. Actuellement, les 7e, 8e et 9e divisions ne sont pas encore débarquées, et trois divisions et
demie sont chargées du siège de Port-Arthur, soit la
moitié de la 3e, les 4e, 5e et 6e divisions.

Les Japonais auront donc, à la reprise des hostilités,
13 divisions, 13 brigades de réserve, c'est-à-dire 270.000
combattants environ; l'artillerie compterait, par division, 50 pièces de 120, plus l'artillerie de campagne, ce
qui est une forte proportion justifiée par la nécessité de
détruire les nombreux retranchements élevés par les
Russes.

Quels sont, pendant ce temps, les résultats obtenus
par nos alliés pour leur concentration? Aucun rensei-
gnement précis ne permet, au Tchili, de le savoir d'une
manière certaine; les bruits les plus contradictoires
circulent à ce sujet, et on peut dire que s'ils se sont
montrés bien imprévoyants, bien aveugles avant la guerre, nos amis se montrent aujourd'hui d'une impénétra-
bilité remarquable sur l'importance de leurs ressources
et sur la marche de leurs opérations. La discrétion est

évidemment une belle vertu fort rare de nos jours, mais un peu plus de prévoyance, au moment voulu, aurait produit plus d'efficacité.

×

En résumé, la situation, fin juillet, apparaît beaucoup plus belle du côté des Nippons que du côté opposé; doit-on en conclure que leur succès est certain? Nous ne le pensons pas.

Car, que peut-il arriver de plus fâcheux pour nos alliés? La perte de Port-Arthur, et ensuite de nouveaux revers qui les forcent à reculer même au delà de Mouk-den. Et après?

La race moscovite a donné de telles preuvs de courage inébranlable, de ténacité indomptable dans les mauvais jours, qu'elle ne se laissera pas abattre même par un malheur comme celui de la perte de Port-Arthur. D'un autre côté, les Japonais s'étant laissé entraîner dans les plaines de Mandchourie favorables aux mouvements de la cavalerie, finiront bien par se trouver face à face avec les masses russes qui, nous l'espérons, auront vite fait de les rejeter dans les montagnes.

Après ce recul des Jaunes qui se produira tôt ou tard, suivant le degré de préparation de leurs adversaires, mais qui aura lieu inévitablement, que se passera-t-il? Il est difficile de s'en faire une idée, car les Nippons sont braves; ils sont, en outre, familiarisés avec la guerre de montagne, à laquelle ils sont continuellement exercés dans leur pays, et ils seront, sans doute, difficiles à déloger de leurs positions. Mais il peut arriver aussi que ce peuple si ardent, si plein d'entrain, ne montre pas les mêmes vertus dans les revers, et que, prompt à l'enthousiasme, il soit également facilement accessible au découragement. Des scènes de désordres ne se sont-elles pas produites déjà dans plusieurs grandes villes des îles nippones à l'annonce de défaites sans importance ? La gravité de ces troubles a même été telle qu'elle a inspiré de sérieuses craintes pour la vie des Européens résidant dans ces villes turbulentes, pour le cas où des revers plus sérieux se produiraient.

Le Mikado continuera-t-il, en outre, à trouver auprès de ses conseils les appuis financiers nécessaires pour soutenir une guerre aussi longue, surtout quand l'ère des triomphes sera passée ? Il est permis d'en douter. Il n'est donc pas impossible que la débâcle des armées nipponnes éclate plus tôt qu'on n'ose l'espérer.

Espérons qu'il en adviendra ainsi, car il n'est pas possible d'admettre un seul instant que la Russie consente à traiter autrement que sur un succès décisif et sur une victoire complète ; en agissant autrement, elle perdrait la face, suivant l'expression chinoise ; son influence en Extrême-Orient serait complètement annihilée et le fruit de longues années d'efforts serait à jamais perdu.

×

La Chine interviendra-t-elle dans la guerre qui se déroule à ses portes, même, plus exactement, sur son territoire ? Elle a fait des armements considérables et n'a jamais été aussi préparée qu'aujourd'hui à entrer en campagne ; ses troupes, rassemblées dans des camps, présenteraient un effectif de 50.000 hommes bien armés, bien outillés. Les Célestes ont été dressés par des instructeurs japonais qui se trouvent, en grand nombre, dans leurs rangs ; quelques-uns d'entre eux ont même laissé pousser la queue et s'habillent à la chinoise pour dissimuler leur présence.

Jusqu'ici, la cour de Pékin ne manifeste aucune velléité d'entrer en action ; elle semble préférer, suivant en cela d'illustres exemples, voir les autres se battre que de prendre part elle-même à la mêlée. Elle observe at-

tentivement les événements, et si elle ne cède pas aux
instances des Nippons qui la pressent d'intervenir, c'est
qu'elle ne juge pas leurs succès assez décisifs pour la
rassurer sur l'avenir; mais que Port-Arthur tombe, que
Moukden soit conquis par les Jaunes, le Céleste Empire
modifiera peut-être son attitude. En tout cas, il est pru-
dent de prévoir cette éventualité.

Quoi qu'il en soit, jusqu'à ce jour, des événements
actuels, si l'on peut reprocher à nos alliés leur incurie,
leur imprévoyance, leur aveuglement inconcevable, il
faut leur reconnaître que, dans cette guerre, ils ont
montré qu'ils possèdent toujours, au plus haut degré,
les si belles qualités de leur race qui sont une confiance
inébranlable en leur puissance, une opiniâtreté indomptable et une bravoure au-dessus de tout éloge.

L'insouciance est un défaut national chez les Russes;
ils ont une telle confiance en eux et en leurs ressources
infinies, qu'ils comptent toujours sur l'avenir pour tout
réparer. Il est à remarquer que, dans presque toutes
leurs guerres, ils commencent toujours par être battus,
mais qu'ils ne se retirent jamais sans avoir reconquis la
victoire; on dirait que l'ours moscovite, endormi dans
son épaisse fourrure, ne sent que difficilement les pi-
qûres de ses ennemis, il est long à s'émouvoir; mais
quand il s'est réveillé, animé par la colère, il lève sa
lourde patte et ne la repose pas avant qu'il ait écrasé tout
ce qui veut lui résister.

Les Japonais, de leur côté, ont provoqué l'admiration
universelle par leur bravoure incontestable qui a, d'ailleurs, été habilement exaltée par les presses américaine
et anglaise intéressées à rehausser le prestige de leurs
amis ou alliés. Quand on examine de près les faits et
gestes de ces Extrême-Orientaux, on s'aperçoit qu'ils ont
une manière bien à eux, qui leur est essentiellement
propre, de manifester leur courage; ce n'est plus l'ar-

deur russe, ni la *furia francese*, c'est le petit train-train constant, insouciant du danger, et qui frappe surtout par le mépris de la mort. C'est très beau, évidemment, mais que deux troupes, blanche et jaune, d'égale force, se trouvent en présence, il y a fort à parier que le petit trottinement, admirable, il est vrai, d'insouciance et de mépris du danger ne tiendra pas longtemps, cependant, devant l'élan sublime de races plus vigoureuses et douées d'un sang plus généreux.

C'est sur ce vœu que se termine cette étude, car le conflit actuel n'est pas seulement provoqué par l'antagonisme de deux influences opposées cherchant à se supplanter, mais il est le résultat de la rencontre de deux races qui se disputent la suprématie dans le monde. La victoire des Japonais n'est même pas à souhaiter pour les Extrême-Orientaux eux-mêmes, car il serait préférable pour eux de marcher plus tard dans la voie du progrès sous l'égide de la race chinoise, bien supérieure par son organisation plus complète, plus harmonieuse, à la race japonaise, oppressive et beaucoup moins bien douée sous le rapport de l'intelligence et du jugement.

Pous nous, Français, poussons donc hautement le cri que nous dictent nos intérêts et notre cœur : « Hourrah pour le champion de la race blanche contre les Jaunes ! »

FIN.

Paris et Limoges. — Imp. milit. Henri Charles-Lavauzelle.

Librairie militaire Henri CHARLES-LAVAUZELLE

Paris et Limoges.

GUERRE DE 1870. — **La première armée de l'Est.** — Reconstitution exacte et détaillée de petits combats avec cartes et croquis, par le commandant breveté Xavier EUVRARD. — Volume grand in-8º de 268 pages....... 6 »

L'armée de Metz, 1870, par le colonel THOMAS. — Vol. in-8º de 252 pages, orné d'un portrait et de deux cartes.................... 3 »

Le maréchal Bazaine pouvait-il, en 1870, sauver la France ? par Ch. KUNTZ, major (H. S.), traduit par le colonel d'infanterie E. GIRARD. — Vol. in-8º de 248 p., avec une carte hors texte des envir. de Metz. 4 »

CAMPAGNE DE 1870-71. — **Le 13ᵉ corps dans les Ardennes et dans l'Aisne,** ses opérations et celles des corps allemands opposés. Etude faite par le capitaine breveté VAIMBOIS, de l'état-major de la 10ᵉ division d'infanterie. — Volume in-8º de 224 pages........................ 3 50

La défense de Belfort, écrite sous le contrôle de M. le colonel Denfert-Rochereau, par MM. Édouard THIERS, capitaine du génie, et S. DE LA LAURENCIE, capitaine d'artillerie, anciens élèves de l'Ecole polytechnique, de la garnison de Belfort (5ᵉ édition). — Volume in-8º de 420 pages, avec trois cartes et plans en couleurs hors texte...................... 7 50

Histoire militaire de la France depuis les origines jusqu'en 1843, par Emile SIMOND, capitaine au 28ᵉ d'infanterie. — 2 vol. in-32 de 112 et 102 pages, brochés, l'un. » 50 ; reliés pleine toile gaufrée, l'un..... » 75

Histoire militaire de la France, de 1843 à 1871, par Emile SIMOND, capitaine au 28ᵉ de ligne. — 2 volumes in-32 de 96 et 104 pages, brochés. l'un. » 50 ; reliés pleine toile gaufrée.............. » 75

Crimée-Italie. — Notes et correspondances de campagne du général de Wimpffen, publiées par H. GALLI. *Ouvrage honoré d'une souscription du ministère de la guerre.* — Volume grand in-8º de 180 pages....... 5 »

Tableaux d'histoire à l'usage des sous-officiers candidats aux Ecoles militaires de Saint-Maixent, Saumur, Versailles et Vincennes, par Noël LACOLLE, lieutenant d'infanterie. — Volume in-18 de 144 pages. 2 50

Memento chronologique de l'histoire militaire de la France, par le capitaine Ch. ROMAGNY, professeur de tactique et d'histoire à l'Ecole militaire d'infanterie. — Volume in-18 de 316 pages.................... 4 »

Précis historique des campagnes modernes. Ouvrage accompagné de 37 cartes du théâtre des opérations, à l'usage de MM. les candidats aux diverses écoles militaires (2ᵉ édition). — Vol. in-18 de 232 p., broché. 3 50

Sans armée (1870-1871), Souvenirs d'un capitaine, par le commandant KANAPPE. — Volume in-18 de 336 pages, broché................. 3 50

La charge de cavalerie de Somo-Sierra (Espagne), le 30 novembre 1808, par le lieutenant général POUZEREWSKY, traduit du russe par le capitaine Dimitry OZNOBICHINE, de l'état-major général de l'armée russe. — Brochure in-8º de 56 pages avec 2 croquis dans le texte............. 1 50

Carnet d'un officier. — **En colonne au Laos (1887-1888).** — Volume in-8º de 72 pages.................... 2 »

GÉNÉRAL F*.** — **Souvenirs d'un officier de l'armée belge à propos des militaires français internés à Anvers pendant la guerre de 1870-71.** — Brochure in-8º de 22 pages.................... » 75

ETUDES DE TACTIQUE APPLIQUÉE. — **L'Attaque de Saint-Privat (18 août 1870),** par Pierre LEHAUTCOURT. — Volume in-8º de 112 pages, avec un croquis dans le texte.................... 2 50

Général LAMIRAUX. — **Le siège de Saint-Sébastien en 1813,** avec un croquis dans le texte. — Brochure in-8º de 54 pages.................... 1 25

Danger du principe fondamental de Jomini, par le capitaine L. FARAUD. — Brochure in-8º de 22 pages.................... » 60

Librairie militaire Henri CHARLES-LAVAUZELLE
Paris et Limoges

L'Expédition militaire en Tunisie (1881-1882). — Fort vol. grand in-8°
de 422 pages, avec 7 cartes et croquis, couverture en couleurs...... 7 50

La 6ᵉ brigade en Tunisie, par le général Ch. Philebert. — Vol. in-8° de
232 pages, orné d'un portrait du général, de 13 gravures et d'une carte en
couleurs hors texte du théâtre des opérations...................... 5 »

Opérations militaires au Tonkin, par le commandant breveté Chabrol,
de l'état-major du 4ᵉ corps d'armée. — Volume grand in-8° de 350 pages,
avec 72 cartes et couverture en couleurs......................... 6 »

Lang-Son, combats, retraite et négociations, par le commandant breveté
Lecomte. — Volume grand in-8° de 560 pages, broché, imprimé sur beau
papier, illustré de 51 magnifiques gravures, têtes de chapitres, culs-de-lampe,
vignettes, accompagné d'un atlas contenant 19 cartes et 3 planches. 20 »

Le Tonkin français contemporain, études, observations, impressions et
souvenirs, par le docteur Edmond Courtois, médecin-major de l'armée,
ex-médecin en chef de l'ambulance de Kep; ouvrage accompagné de trois
cartes en chromolithographie. — Volume in-8° de 412 pages........ 7 50

Madagascar et les moyens de la conquérir. Etude politique et militaire,
par le colonel Ortus, de l'infanterie de marine. — Volume in-18 de 228 pages avec une carte au 1/4.000.000. .... 3 50

Guide de Madagascar, par le lieutenant de vaisseau Colson. — Volume
in-18 de 220 pages, accompagné de la carte de Madagascar au 1/4 000.000ᵉ,
des itinéraires de Tamatave à Tananarive, de Majunga à Tananarive, du plan
de Tananarive et d'un croquis indicatif des cyclones de l'Océan Indien. 3 50

L'Expédition du Dahomey en 1890, avec un aperçu géographique et
historique du pays, sept cartes ou croquis des opérations militaires et de
nombreuses annexes contenant le texte des conventions, traités, arrange-
ments, cessions, échanges de dépêches et télégrammes auxquels a donné
lieu l'expédition, par Victor Nicolas, capitaine d'infanterie de marine,
officier d'académie (2ᵉ édition) — Volume in-8° de 152 pages......... 3 »

Les expéditions anglaises en Afrique. Ashantee (1873-1874). Zulu (1878-
1879), Egypte (1882), Soudan (1884-1885), Ashantee (1895-1896), par le lieutenant-colonel breveté Septans, de l'infanterie de marine. — Fort volume
grand in-8° de 500 p., avec 29 cartes et croquis, couvert. en couleurs. 7 50

Les expéditions anglaises en Asie. Organisation de l'armée des Indes
(1859-1895), Lushai Expédition (1871-1872), les trois campagnes de lord
Roberts en Afghanistan (1878-1880), expédition du Chitral (1895), par le
lieutenant-colonel breveté Septans, de l'infanterie de marine. — Vol. gr.
in-8° de 350 p., avec 17 cartes et croquis, couverture en couleurs... 7 50

Petites guerres. Leurs principes et leur exécution, par le major C.-E.
Callwell, traduit et annoté par le lieutenant-colonel breveté Septans, de
l'infanterie de marine. — Volume in-8° de 372 pages, avec 12 croquis dans
le texte.. 7 50

Expéditions militaires d'outre-mer, par le colonel George-Armand
Furse, ayant servi dans la *Black Watch*, traduit de l'anglais, avec l'auto-
risation de l'auteur, et annoté par le lieutenant-colonel breveté Septans,
de l'infanterie coloniale. — Volume grand in-8° de 600 pages avec 12 cartes
et croquis dans le texte... 10 »

Les Italiens en Erythrée. Quinze ans de politique coloniale, par C. de la
Jonquière, capit. d'art. brev. — Vol. in-8° de 352 p., avec 10 cartes. 5 »

Rapport du général Lamberti, vice-gouverneur de l'Erythrée, sur
la bataille d'Adoua (1ᵉʳ mars 1896). — Brochure in-8° de 64 pages, avec
5 cartes dans le texte...... .... 1 50

www.ingramcontent.com/pod-product-compliance
Lightning Source LLC
LaVergne TN
LVHW010507060726
842527LV00005B/1934